( Par le Colonel Lebertre. )

# APERÇU

## DU TRAITEMENT

### QU'ÉPROUVENT

### LES PRISONNIERS DE GUERRE FRANÇAIS

## EN ANGLETERRE.

# EXPLICATION DE LA GRAVURE.

Ce plan est celui du faux pont du ponton *le Brunswick*, dont les dimensions en hauteur sont de quatre pieds dix pouces seulement ; de manière que l'homme de la plus petite taille ne peut s'y tenir debout, espèce de supplice que les tyrans les plus cruels n'ont jamais imaginé contre les plus grands criminels. Les ouvertures, pour donner de l'air, consistent en quatorze hubleaux, ou petites fenêtres de chaque côté, de dix-sept pouces carrés, sans vitres. Ces ouvertures sont croisées par des grilles de fer, dont les barres ont deux pouces d'épaisseur. Quelquefois, par le défaut d'air pendant la nuit, plusieurs des hommes entassés de cette manière tombent faibles, suffoqués, sur-tout dans les longues nuits d'hiver. Si on essaie alors de faire ouvrir un des hubleaux, afin d'y porter l'homme suffoqué, tous les voisins de cette ouverture, complètement nus ( car il est impossible de se tenir autrement à cause de la chaleur excessive qu'on éprouve ), saisis par le froid au milieu d'une transpiration abondante, sont attaqués de maladies inflammatoires, maladies qui menacent de destruction tous les prisonniers, et dont tout prisonnier, qui a séjourné plus de trois ans dans les prisons de terre ou flottantes de l'Angleterre, est affecté pour toute sa vie, parce que par-tout l'encombrement est le même. L'air y est tellement chargé de vapeurs humides, que quelquefois les chandelles qui s'en imprégnent, cessent de brûler. Cet air, après avoir été tant de fois aspiré et rendu, après avoir passé dans des poulmons ulcérés et des poitrines malsaines, devient de plus en plus malfaisant, et bientôt infect. Les Anglais, qui viennent chaque matin ouvrir le panneau, se retirent avec précipitation pour ne pas être suffoqués eux-mêmes par la vapeur épaisse et brûlante qui en sort. Plus d'une fois ils ont cru que le feu était dans les batteries. ( *Voyez*, pour de plus grands détails, la note (*d*), pag. 53.)

# VUE DE L'INTÉRIEUR DU PONTON LE BRUNSWICK.

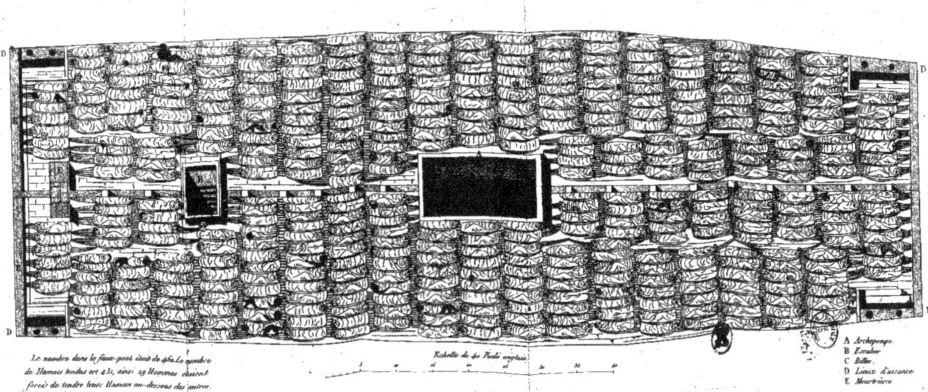

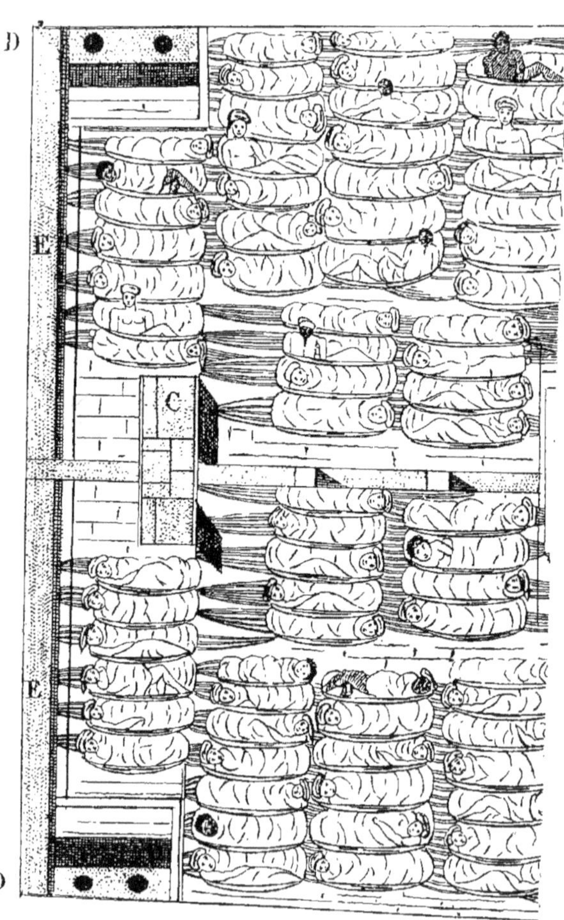



Le nombre dans le faux-pont était de 460. Le
de Hamacs tendus est 431; ainsi 29 Hommes et
forcés de tendre leurs Hamacs au-dessous des

# APERÇU

## DU TRAITEMENT

### QU'ÉPROUVENT

### LES PRISONNIERS DE GUERRE FRANÇAIS

## EN ANGLETERRE.

Les pontons ne devraient être la punition que des crimes les plus atroces.

Howard, *Etat des prisons.*

~~~~~~~~

# PARIS,

## J. G. DENTU, IMPRIMEUR-LIBRAIRE,

Rue du Pont de Lodi, n° 3, près le Pont-Neuf;

*Et au Palais - Royal, galeries de bois, n°s 265 266.*

1813.
~~~~~~~~

# APERÇU

## DU TRAITEMENT

### DES PRISONNIERS DE GUERRE FRANÇAIS

## EN ANGLETERRE.

———

La lettre qu'on va lire a été écrite par un officier supérieur français, détenu à bord d'un des pontons de Chatham, à M. Croker, membre du parlement, secrétaire de l'amirauté d'Angleterre, en réponse à ses assertions et à celles de quelques-uns de ses collègues, dans la séance de la chambre des communes, du 26 juin 1812. Le lecteur impartial jugera si un officier français, fatigué des vexations continuelles et des insultes journalières qu'il endure, sans pouvoir obtenir justice, quelles que soient ses réclamations, est excusable, après de si longues et de si cruelles souffrances, en prenant une résolution hardie dont l'exécution est accompagnée des plus grands dangers, et dont la conséquence est affreuse pour lui en cas de non succès ; enfin, en manquant à sa parole envers un gouvernement qui viole tous ses engagemens envers lui (1), et si des lords anglais, des membres du parlement, des ministres du souverain d'une nation puissante ne se

---

(1) Citons deux faits seulement, sur mille de la même nature, pour prouver que le gouvernement anglais agit avec autant de mauvaise foi envers de simples particuliers, que dans ses relations avec les autres gouvernemens.

L'estimable M. Melissino, avocat, natif, habitant et commissaire de police de Céphalonie, fut arraché à sa famille et à son épouse, alors en couches, par ordre du général Oswald, et envoyé prisonnier de guerre en Angleterre, en violation de la capitulation de Céphalonie, qui porte qu'un habitant du pays ayant occupé des emplois sous les Français, ne pourra être molesté sous aucun prétexte. M. Melissino adressa ses réclamations à l'amirauté ; mais elles furent rejetées. Le gouvernement français l'a fait échanger.

M. Thionville, commissaire de police de la Guadeloupe, est dans le même cas. On a eu l'indignité de le mettre sur un ponton à Portsmouth, où il gémit depuis deux ans, et cela pour satisfaire les viles passions de quelques misérables qui lui ont fait un crime de son attachement à son souverain et à son pays. On ne peut justifier par aucun raisonnement des actes de violence et d'injustice semblables. *Fides punica !*

mettent pas cent fois au-dessous de leur victime en ajoutant l'insulte et la calomnie au
traitement le plus barbare, et en débitant en
plein parlement, à la face du monde entier,
et avec une effronterie sans exemple, des
mensonges dont un laquais rougirait.

Voici l'extrait de la séance de la chambre
des communes, dont il est question ci-dessus :

## PRISONNIERS DE GUERRE.

« M. N. Calvert se lève pour demander
« que l'état des officiers français prisonniers
« de guerre, qui ont manqué à leur parole,
« soit imprimé. Il prie la chambre de faire
« attention au nombre considérable et au
« rang de plusieurs des officiers portés sur
« cette liste, et qui sont un témoignage de
« l'état actuel de dégradation de l'armée
« française.

« Lord Castlereagh présente le contraste
« de la conduite des officiers français de l'an-
« cien régime et de celle des officiers du nou-
« veau. Il voit avec peine que la liste de ceux qui
« ont manqué à leur parole soit si considé-
« rable, et déclare que si cette pratique désho-
« norante était continuée, le gouvernement

« prendrait des mesures qui rendraient le
« sort des officiers français, dans ce pays,
« beaucoup moins heureux. Il ajoute que pas
« un seul exemple d'un officier anglais, ayant
« violé sa parole en France, n'était parvenu
« à sa connaissance.

« M. Croker a reconnu qu'il y avait un
« seul cas de cette nature ; mais un seul........
« celui d'un jeune aspirant de marine, qui,
« en 1805, manqua à sa parole, et qui, pas
« plus tard qu'hier, fit demander par des
« amis puissans d'être réemployé, et fut re-
« fusé par l'amirauté. »

Sur l'observation faite par M. Baring
qu'un officier-général français, après avoir
manqué deux fois à sa parole (1), avait été
mis dans un des pontons de Chatham, où il se
trouve confondu avec des matelots et des
soldats, couvert d'ordure et de vermine ; que

_____________

(1) Cet officier est l'adjudant-commandant Pillet, qui
fut traité de la manière la plus indigne dans cette
séance, où sir Francis Burdett essaya de lui donner le
*coup de pied ;* mais dans cette assemblée il ne se trouva
pas un homme assez juste et assez généreux pour dire
la vérité, et déclarer que, pris à Vimiera, M. Pillet est
gardé en Angleterre en violation d'une stipulation sa-
crée, la convention de Cintra.

ce traitement ne convient pas au rang et à
l'éducation de cet officier : M. Croker a dit
que « cet *homme* ayant été mis sur parole, la
« viola et fut arrêté; qu'après plusieurs solli-
« citations, le transport-office (1) lui accorda
« de nouveau sa parole, et qu'il y manqua
« une seconde fois; que lui, M. Croker,
« avait visité les pontons à Portshmouth, et
« qu'il y avait vu les prisonniers heureux et
« très-bien (happy and confortable); qu'ils
« y étaient tenus proprement, et pourvus
« de tous les amusemens possibles, même
« de musique et de billards, et qu'il ne dou-

-----

(1) Le transport-office est un bureau composé de sept
membres qui, sous les ordres de l'amirauté, sont chargés de la garde et du soin des prisonniers de guerre.
Le récit des maux qu'eux et leurs subalternes ont fait
aux prisonniers français ferait frissonner. Quelques-uns
de ces derniers s'occupent à recueillir en silence des
faits qui, il faut l'espérer, seront un jour rendus publics par une plume habile et exercée. Ces faits prou-
veront que, par le système infernal adopté et suivi dans
ce pays avec une cruauté sans exemple à l'égard des
prisonniers de guerre, plus de Français ont péri depuis
vingt ans dans les prisons flottantes et autres, que dans
les combats de terre et de mer entre les deux nations,
sans compter ceux qui ayant été rendus, sont morts en
France par l'effet de ce système.

« tait pas que ceux de Chatham ne fussent
« également très-bien.

« Sir George Warrender dit qu'étant allé
« dernièrement sur les pontons de Chatham,
« il peut assurer que les prisonniers y sont
« proprement et très-bien. »

L'impression de la liste est ordonnée.

Dans la séance de la chambre des lords,
du 23 juillet de la même année, lord Sid-
mouth a dit : « qu'une liste d'officiers français
« qui avaient manqué à leur parole depuis
« trois ans, avait été déposée sur la table ;
« qu'un contraste glorieux et satsfaisant pour
« la Grande-Bretagne s'offrait d'un autre côté,
« et qu'on ne pouvait trouver un exemple
« d'un officier anglais ayant manqué à sa pa-
« role envers l'ennemi : ce qui met, sous ce
« rapport, les officiers anglais autant au-
« dessus des français qu'ils le sont sur tous
« les autres. »

# LETTRE

### ÉCRITE PAR LE COLONEL LEBERTRE,

### A L'HONORABLE

## JOHN WILSON CROKER,

### MEMBRE DU PARLEMENT, SECRÉTAIRE DE L'AMIRAUTÉ.

A bord du ponton *le Canada*,
à Chatham, le 11 juillet 1812.

M ONSIEUR,

Pour la première fois, depuis trois mois que je suis détenu à bord d'un ponton, je viens de lire un papier public d'une date déjà ancienne, que le hasard a fait tomber sous ma main, lequel fait mention d'une question agitée dans la séance de l'honorable chambre des communes, du 26 juin dernier, concernant les officiers français prisonniers de guerre, désignés, dans ce pays, comme ayant manqué à leur parole d'honneur. Ils devaient s'attendre à être très-maltraités par des hommes prévenus contre eux, mal informés de leur situation, et sur-tout par vous, Monsieur, qui, quoique secrétaire de l'amirauté, paraissez ne pas connaître les motifs qui les décident à fuir, ni la manière dont les prisonniers de guerre, dans ce pays, sont traités, soit sur parole, soit dans les prisons. Si vous daignez lire cette lettre, non avec la prévention d'un Anglais, mais avec les sentimens d'un homme juste et impartial, vous serez mieux informé, et vous verrez que les officiers français qui se sont échappés ( expression adoucie dont on se sert, dans ce pays, pour désigner les officiers anglais qui ont manqué à leur parole en France ), (1) se croient dégagés, parce qu'on a presque toujours violé envers eux la foi promise, qu'ils ne trouvent pas en An-

________________

(1) L'expression anglaise *to make one's escape* présente l'idée d'un homme qui s'est échappé d'une prison où il était étroitement gardé; celle *to break one's parole* signifie, mot pour mot, manquer à sa parole. Le gouvernement et les journalistes emploient la première lorsqu'il s'agit d'un officier anglais qui a manqué à sa parole en France, et la dernière lorsqu'il est question d'un officier français dans le même cas. Ce seul trait donne la mesure de la bonne foi des Anglais.

gleterre la protection qu'ils avaient droit d'attendre, ni les égards qu'on a, dans leur patrie, pour le courage malheureux.

En France, Monsieur, un officier prisonnier de guerre y est traité et payé suivant son rang, et cette paie est égale à celle d'un officier français en réforme du même grade. Il a la faculté de choisir sa promenade et d'aller jusqu'à une distance considérable (1). Il peut porter son uniforme sans crainte d'être insulté : il a la liberté de fêter le jour de naissance de son souverain, de boire à sa santé, à la prospérité des armes britanniques, et même d'illuminer sa maison si cela lui convient. Il peut avoir des chevaux, des chiens, aller à la chasse, aux spectacles, et se livrer à tous les amusemens de son pays ; enfin, s'il a de l'éducation, il est accueilli avec distinction par la nation la plus généreuse et la plus hospitalière de l'Europe.

En Angleterre, un officier français prisonnier de guerre ne reçoit qu'une paie qui ne lui suffit pas pour exister, et cette modique

---

(1) Un rayon de deux lieues est accordé aux officiers anglais pour se promener, suivant l'ordre de la place de Verdun du 17 octobre 1807.

paie est la même pour tous les grades (1). Il
ne peut se promener que sur la grande route
et à un mille du lieu de sa résidence ; s'il
porte son uniforme, il est exposé à être insulté et même lapidé de derrière les murs ou
les haies qui bordent la route ; s'il entend
l'Anglais, il est sûr que les injures les plus
grossières frapperont son oreille. En arri-
vant dans le lieu où il doit rester, on le force,
sous peine d'être envoyé au ponton et au
mépris des stipulations les plus sacrées, à
remettre son épée à l'agent du transport-
office (2), et ce seul acte d'oppression suffit
pour le dégager de sa parole. On a fait dé-
fendre aux officiers français de célébrer le

---

(1) Un officier français sur parole reçoit par jour un
shilling et demi, ce qui faisait autrefois 36 sols de
France ; mais il est payé en billets de banque qui per-
dent 25 à 30 pour cent. Les vivres et le logement sont
au moins trois fois plus chers en Angleterre qu'en
France ; en sorte qu'on serait moins mal dans ce dernier
pays avec 12 sols par jour, qu'en Angleterre avec 36.

(2) Un des principes du transport-office est de choisir
ses agens pour les différens cautionnemens, parmi des
hommes de néant, qui, pour vivre, sont obligés de mé-
nager les habitans, même la canaille. Il existe en Angleterre un grand nombre d'officiers à la demi-solde à

mariage de leur souverain (*a*) (1) ; on a supprimé leurs spectacles, leurs concerts, leurs réunions maçonniques (*b*) ; on a rendu leur situation insupportable ; enfin on a forcé à fuir ceux qui n'ont pu souffrir un joug aussi dur, et on a l'air de s'étonner aujourd'hui de ce que tant d'officiers se soient échappés !

---

qui ces emplois conviendraient ; mais on se garde bien de les leur donner, parce que n'ayant aucun intérêt dans le pays, ils seraient peut-être justes et protégeraient les Français. On a vu un apothicaire, agent du transport-office, persécuter avec acharnement un général français, parce qu'il ne se faisait pas chausser par un cordonnier beau-frère de cet agent. On ferait un ouvrage très-volumineux en rapportant seulement une partie des vexations que les officiers français ont eu à souffrir dans leurs cautionnemens. Ils seraient loin de se plaindre s'ils n'avaient pas d'autres griefs que ceux que prétendent avoir les officiers anglais prisonniers en France, lesquels ont grand soin de les faire publier ; mais les faits qu'ils citent, tout exagérés qu'ils sont, prouvent au moins la liberté dont ils jouissent et la douceur de leur traitement. Qu'auraient-ils dit, par exemple, si on eût dressé des chiens pour poursuivre, mordre et saisir ceux qui se fussent trouvés dehors après l'heure où ils devaient être dans leurs logemens ? Ce fait a eu lieu à Wantage, dans le Berkshire, et on a fait même une caricature à ce sujet.

(1) *Voyez* les notes *a*, *b*, etc., à la fin de l'ouvrage.

J'oserais assurer que la menace qu'un noble lord a faite, dans l'honorable chambre, aux officiers français, de rendre leur sort encore plus malheureux, produira un effet contraire à ce qu'il en attend, et que son discours a été pour plusieurs le signal de départ. Soyez persuadé, Monsieur, que la menace des pontons, et même de la mort, ne peut intimider des hommes révoltés des vexations qu'ils éprouvent, poussés par le désespoir, et convaincus en outre que c'est le gouvernement anglais qui a rompu la négociation de Morlaix qui devait les rendre à leur patrie.

Tel est le contraste frappant qui existe dans le traitement des officiers prisonniers de guerre chez l'une et l'autre nation. Je réclame le témoignage des officiers anglais, comme celui des français, sur l'exactitude de cet exposé. Je sais d'avance que des hommes qui n'ont pas connu le malheur et ne seront jamais dans le cas d'être prisonniers de guerre, diront qu'un officier qui a manqué à sa parole ne mérite aucun crédit. Ce moyen est sûr pour se débarrasser de réclamations fondées ; c'est le langage que le fort qui a tort peut tenir au faible qui a rai-

son. Cette tactique est connue en Angleterre.

Pour ce qui me concerne, Monsieur, après
plus de trois mois de captivité, je me déter-
minai à fuir, 1° parce que du moment où je
me vis enlever mon épée, en violation d'une
capitulation formelle qui me la laissait, je
me crus dégagé de ma parole, et je le dis à
l'agent du transport - office ; 2° parce que,
malgré la conduite paisible et la vie retirée
que j'ai menée, j'ai été souvent insulté de la
manière la plus atroce par des Anglais, et,
pour preuve de ce que j'avance, je joins ici
copie d'un écrit contenant la seule réparation
que je pus obtenir dans une de ces circonstances (1) ; 3° parce qu'ayant traité avec une

_______________

(1) Fatigué des insultes journalières que nous avions
à souffrir, je me décidai un jour à attaquer devant le
juge-de-paix, un jardinier qui m'avait provoqué, ainsi
que d'autres officiers, de la manière la plus outrageante ;
mais je m'aperçus bientôt qu'un Français n'a aucune
justice à attendre d'un magistrat anglais, et il fallut me
contenter de la réparation contenue dans l'écrit dont
voici la traduction :

« Attendu que des poursuites ont été faites contre
« moi pour avoir insulté, sans aucune provocation, le
« colonel Lebertre, prisonnier de guerre sur parole,

attention inconnue dans ce pays, et fait ren-
voyer sur parole des officiers anglais prisonniers de guerre, confiés à mes soins à la
Martinique, j'avais demandé la même faveur

---

« lesquelles poursuites il a bien voulu abandonner après
« lui avoir exprimé mon repentir, je le remercie par
« cet écrit de sa bonté envers moi, et je déclare que je
« suis très-fâché de ma conduite.

« Alresford, 28 juin 1810.

« WILLIAM GODARD. »

Malgré cette affaire, les insultes n'en continuèrent
pas moins. Environ quinze jours après, plusieurs officiers faillirent être massacrés par une populace enragée,
qui criait : *Tuons les tous, point de quartier;* et cela
parce qu'ils s'étaient défendus vigoureusement contre
des hommes du peuple qui les avaient insultés et frap-
pés. Il convient de remarquer que si un Anglais porte la
plus légère plainte contre un officier Français, ce dernier est presque toujours envoyé au ponton sans avoir
été entendu. Un magistrat de Lichfield disait un jour
qu'un Français, eût-il tort ou raison, devait toujours
avoir tort. En 1804, un des ministres du même lieu,
assurait en chaire, dans un sermon, que tuer un Français était une œuvre méritoire et agréable à Dieu. L'é-
pouse de ce digne pasteur prétendait qu'il fallait se contenter de les frapper et de les maltraiter. Ces faits sont
connus de tous les officiers français de ce cautionnement.

par ma pétition adressée aux lords de l'amirauté, le 10 novembre 1811, afin d'aller dans ma patrie, d'où je suis éloigné depuis douze ans, terminer des affaires de famille qui exigent ma présence, sous la condition de revenir en Angleterre à l'expiration du terme qui aurait été fixé, et que je vis ma demande rejetée par leurs seigneuries; 4° parce que je fus témoin de l'arrestation et de l'envoi au château de Porchester de quatre officiers français, sous le prétexte frivole de leur complicité dans une conspiration qui n'a jamais existé (je veux parler du projet d'armer les prisonniers de guerre, si faussement attribué au général Simon); enfin, parce que je vis enlever leurs papiers sans formalité, sans inventaire, sans aucune garantie pour eux (c), ce qui me fit juger que nous sommes absolument proscrits et *hors la loi* dans ce pays. Alors je me décidai à m'échapper. On a dû remarquer que la fuite répétée des officiers français d'Alresford date principalement de cette époque.

Je me suis échappé, et j'ai eu le malheur d'être trahi et repris : je subis ici la conséquence de ma démarche; mais le traitement que j'éprouve n'en est pas moins indigne.

Vous n'avez pas le droit, quels que soient les torts qu'il vous plaît de m'imputer, de me détenir de cette manière, de me confondre avec des soldats, des matelots et même des nègres, de me punir par des rigueurs inutiles ; vous n'avez que celui de vous assurer de ma personne dans un lieu décent. Vous semblez, au contraire, employer toutes vos forces, non pour me garder, mais pour me détruire ; c'est Hercule levant sa massue pour écraser une fourmi.

Je vous assure, Monsieur, que, quelles que soient les expressions employées par d'honorables membres contre les officiers français qui ont été forcés de manquer à leur parole, ces derniers n'en sont pas moins tranquilles avec eux - mêmes. Ceux qui ont été repris savent au moins que, s'ils ont fait une faute, les conséquences n'en sont pas funestes qu'à eux seuls ; ils seraient certainement moins à leur aise s'ils eussent trahi ceux qui, pour leur argent, ont pu les aider dans leur fuite (1), et s'ils eussent fait le plus léger

_______________________

(1) Les Français fugitifs ont assez généralement beaucoup à se plaindre des Anglais qui favorisent leur évasion. Ils sont quelquefois dépouillés de leur argent, et

tort à qui ce soit. Que ceux qui ont si souvent le mot *honneur* à la bouche mettent la main sur leur conscience, et qu'ils leur jettent ensuite la *première pierre* s'ils l'osent.

Je soutiens donc que vous ne devez pas me garder dans un ponton et me confondre avec des soldats, des matelots et même des nègres, quoique j'aie, suivant vous, manqué

---

même trahis et livrés par ceux qui étaient venus les chercher dans leurs cautionnemens, afin d'appaiser, par cette trahison, le transport-office qui les poursuit pour avoir aidé précédemment d'autres prisonniers à s'échapper. Cependant les officiers repris se font un point d'honneur de garder religieusement le secret promis à ces Anglais, et préfèrent les horreurs d'un ponton à leur liberté achetée, parce qu'ils conçoivent être une lâcheté. Conduits de cachots en cachots, souvent chargés de fers, on les force à paraître devant les tribunaux qui n'ont aucune juridiction sur eux; là on les offre en spectacle à un peuple qui a la lâcheté d'insulter à leur infortune; dans cet état, le transport-office fait présenter, par ses agens, à ceux d'entre eux qu'on croit faibles et impatiens d'une situation aussi affreuse, leur passeport pour la France, s'ils veulent faire connaître les Anglais qui les ont aidés; mais cette offre est presque toujours rejetée avec dédain, et leurs ennemis, étonnés d'une telle fermeté, n'ont jamais pu séduire que deux ou trois mauvais sujets, couverts, depuis long-temps, du mépris de leurs compagnons d'infortune.

à ma parole, à moins que vous ne me consi-
dériez non comme un officier supérieur, sus-
ceptible d'être échangé pour un Anglais du
même rang, ou un certain nombre de soldats; mais comme un homme à échanger
pour un seul matelot ou soldat. Dans ce dernier cas, en me gardant au ponton, puisque
vous destinez à des hommes une demeure
aussi horrible, je n'ai aucune réclamation à
faire, et il faut subir mon sort sans murmu-
rer; mais dans la première hypothèse, vous
devez me traiter suivant mon rang et me
faire garder dans une prison à terre, ayant
une chambre pour me loger, et toutes les
aisances compatibles avec les mesures né-
cessaires pour s'assurer de ma personne;
car il serait très-indécent de me tirer de l'ordure d'un ponton pour m'échanger avec un
colonel anglais brillant de santé et propre
dans ses vêtemens, quoiqu'il eût peut-être
lui-même été repris en s'échappant; au reste,
vous devez me traiter comme les officiers
anglais dans le même cas que moi le sont en
France. Or, vous n'ignorez pas qu'ils sont
gardés pendant un certain temps dans une
forteresse, où ils ont une chambre pour se
loger, la place d'armes et les remparts pour

se promener, et qu'il y en a même qui, après avoir plusieurs fois manqué à leur parole, ou, si vous l'aimez mieux, tenté plusieurs fois de s'échapper, ont été remis sur parole au bout de quelques mois de détention.

Il est hors de mon sujet de remarquer que les injures prodiguées dans l'honorable chambre à la nation et à l'armée française, seront loin d'effectuer l'accomplissement des vœux formés par les honnêtes gens des deux nations, et de conduire à cette paix si désirée et si souvent offerte par Sa Majesté l'Empereur des Français ; mais je m'arrêterai un moment à l'assurance qui a été si publiquement donnée, qu'il n'y a point d'officiers anglais prisonniers de guerre qui aient manqué à leur parole, ou au moins qu'il n'y en a qu'un seul. J'espère qu'en réponse à cette étrange assertion, le gouvernement français en fera imprimer la liste (1). J'ose avancer que si on mettait en ligne de compte la difficulté de voyager en France sans passe-

---

(1) Ceci s'est vérifié : *Voyez* le Moniteur du 1ᵉʳ août 1812, et plusieurs numéros du Journal de l'Empire et de la Gazette de France, publiés dans le courant du même mois.

port, la police des côtes, qui y est mieux
faite qu'en Angleterre, le nombre infiniment
plus petit de contrebandiers français, on
verrait que le désir de fuir est au moins aussi
puissant chez les officiers anglais que chez
les français, et que leurs tentatives, souvent infructueuses par les raisons ci-dessus,
sont aussi fréquentes, quoique leur sort soit
comparativement beaucoup moins malheureux ; mais ils sont fatigués de cette *éternelle
guerre* proclamée par leur gouvernement, et
des obstacles qu'il a mis à l'échange des prisonniers ; ils ont, comme nous, des affaires
qui exigent impérieusement leur présence
dans leur patrie, et qui les forcent à fuir.
Les ministres de Sa Majesté l'Empereur et
Roi sont trop sages pour imiter ceux de Sa
Majesté Britannique, en blessant, par des
discours injurieux et des comparaisons dé-
placées, l'honneur de l'armée anglaise, parce
que quelques centaines d'officiers de cette
armée ont été sans doute dans la nécessité
de s'échapper contre leur parole. Au reste,
la détention d'un grand nombre au château
de Bitche, où ils sont pourtant traités suivant leur rang, prouve plus fortement qu'ils
ont manqué à leur parole, qu'une assertion

hasardée dans l'honorable chambre des communes.

Je suis loin d'approuver les officiers des
deux nations qui étant parvenus à revoir leur
patrie, reprennent les armes sans avoir été
échangés, et je ne les aurais certainement pas
imités si j'eusse réussi dans ma fuite ; mais
s'il était vrai que le gouvernement français
employât les siens sans ce préalable ( ce que
je ne crois pas ), il serait pleinement justifié
par l'exemple qu'a donné, dès le commencement de la guerre, le gouvernement anglais,
d'admettre à son service une grande partie
de l'armée hanovrienne, qui avait mis bas les
armes, et s'était engagée, sur *parole d'honneur*, à ne pas servir sans avoir été échangée,
ainsi qu'il l'a reconnu dans la négociation de
Morlaix en offrant trois mille prisonniers
français pour l'échange de ces hanovriens.

Je passe, Monsieur, à la déclaration que
vous avez faite que les prisonniers français
dans les pontons sont heureux et à leur aise
( happy and comfortable ). Il me semble que
si vous êtes de bonne foi, vous n'avez aucune
connaissance de ces lieux de misère et de
douleur, où les hommes sont entassés les
uns sur les autres, où la vermine fourmille,

où il est impossible à l'homme le plus soigneux de s'en garantir, où l'on respire enfin l'air le plus infect et le plus malfaisant (*d*). Je suis dans un des pontons les mieux tenus de ce dépôt, et malgré tous mes soins, je ne puis me préserver de la vermine qui me dévore, sur-tout pendant la nuit : comment peut-il en être autrement lorsque tant de prisonniers se négligent, et que ceux qui conservent encore quelque goût pour la propreté, sont forcés de vendre une partie de la misérable ration qu'on leur donne, et qui suffit à peine à leur subsistance, pour acheter du savon (*e*). Aussi nous regardons plutôt comme une dérision que comme un ordre sérieux, cette partie de la consigne qui recommande aux prisonniers la plus grande propreté, quoiqu'on ne leur donne ni savon ni la permission de se baigner pendant l'été, et le soin de leur santé, lorsqu'on les entasse de manière à leur faire prendre des maladies de poitrine qui abrègent leurs jours de vingt à trente ans. Mes cheveux se dressent sur ma tête à la vue de quelques infortunés qui, ayant succombé et été pris en remplissant le plus sacré des devoirs, languissent dans ces horribles prisons depuis plus de neuf ans, et je ne puis concevoir comment ils ont pu survivre aux innombrables victimes qui y ont péri (1).

Vous avez dit dans l'honorable chambre que les prisoniers ont des amuseméns à bord des pontons, et particulièrement des billards et de la musique : vous avez oublié, dans l'énumération de ces jouissances, les marionnettes, dont la réputation a attiré à leur représentation de graves personnages, qui ont paru très-scandalisés de ce que, dans les querelles entre Polichinelle, qui est d'origine

---

(1) Un Français ne peut concevoir tout ce que l'ingénieuse cruauté de nos ennemis leur a fait imaginer. A la Jamaïque, les pontons avaient été coulés et la mer montait quelquefois jusque dans les cachots des malheureux prisonniers. Leurs geoliers avaient soin d'entretenir, comme auxiliaires dignes d'eux, des requins auxquels ils jetaient de la viande, afin de les garder toujours le long du bord. Ils encombrèrent en 1806, le ponton l'*Amercia*, vaisseau à deux ponts, par onze cents Français qu'ils y laissaient des jours entiers sans vivres, et quelquefois trois jours sans eau. On ne peut exprimer ce que ces infortunés eurent à souffrir par une soif dévorante et l'entassement où ils se trouvaient dans un pays aussi chaud. Il en mourut plus de cinq cents en six mois, et leurs cadavres furent jetés à la mer, pour servir de pâture aux requins.

française ou italienne, et *John Bull*, le premier conservait l'avantage du combat. Si un pareil abus continue, ces graves Messieurs peuvent compter qu'on y mettra ordre, en ajoutant à la consigne *philanthropique* (1) du transport-office un article portant que, dans ces démêlés, l'avantage devra rester à *John Bull*, sous peine contre le délinquant d'être mis dans le *trou noir*, à fond de cale, et réduit à demi-ration.

Oui, Monsieur, il est des prisonniers qui jouent au billard, qui font de la musique, qui dansent et qui rient à bord des pontons ; mais ceux-là ne forment pas la dixième partie des infortunés qui y sont confinés. Pouvez-vous d'ailleurs en conclure qu'ils sont heureux et à leur aise ? Vous n'ignorez pas sans doute que les Français, plus qu'aucune autre nation, ont l'art de tirer parti de leur situation, quelque malheureuse qu'elle soit ; cela vous donne-t-il le droit de rendre leur sort

---

(1) Les ordres et consignes du transport-office, sont imprimés par la Société Philanthropique, et les ordres ne font mention que de cachots (blackhole) ; de réduction à demi-ration, et autre punitions à infliger pour la moindre faute aux malheureux prisonniers. Quelle philanthropie !

plus misérable qu'il ne devrait l'être ? J'ai été prisonnier des Turcs, et je puis assurer que ces barbares, ces infidèles sont moins inhumains envers leurs prisonniers, et m'ont moins maltraité que les Anglais, qui se disent chrétiens, ne l'ont fait, pour prix des soins généreux que j'ai prodigués pendant plus de six ans à des prisonniers de guerre de leur nation.

Les membres du parlement et autres personnages venus par curiosité sur les pontons (1), ne peuvent juger du sort des prisonniers, quoique le visage pâle et décharné de presque tous et les haillons dónt ils sont

(1) Les curieux venus à bord des pontons, sont en général des êtres sans sensibilité ; les femmes mêmes, ce sexe charmant, fait pour adoucir tant de maux, ont montré une indifférence vraiment choquante. On en a vu rester des heures entières les yeux fixés sur le parc où se tiennent les prisonniers, sans que ce spectacle de misère, qui affecterait si vivement une française, ait fait couler une seule larme ; le rire insultant était au contraire sur leurs lèvres. Les prisonniers n'ont connu qu'un seul exemple d'une femme qui s'évanouit à la vue du parc. Qu'aurait dit des Anglaises l'auteur du *Mérite des Femmes*, qui a rendu justice à la sensibilité et à la générosité de nos aimables Françaises, s'il eût été prisonnier sur un ponton ?

couverts suffisent pour donner une idée de leur misère (1). Les visites de pure forme, faites à la hâte par ordre supérieur, ne produisent que des rapports inexacts. Il ne suffit pas de les visiter en passant, et pendant le jour. Hommes sensuels et endurcis par les jouissances, vous qui allez en plein parlement outrager vos victimes, et affirmer que les prisonniers sont heureux, voulez - vous connaître toute l'horreur de leur condition ? Venez sans être annoncés ; osez descendre avant le jour dans ces tombeaux où vous enfermez des êtres vivans qui sont vos semblables ; tâchez de respirer, pendant une mi-

---

(1) Suivant les règlemens on devrait fournir à chaque prisonnier, tous les dix-huit mois, une veste à manches, un gilet et un pantalon de gros drap jaune ; un chapeau, deux chemises, une paire de bas et une paire de souliers. Il n'est pas douteux que le gouvernement anglais ne paie ces objets ; mais il est aussi certain que les prisonniers n'en reçoivent pas la moitié. On donne à un malheureux qui a usé tous les effets qu'il a apportés, et lorsqu'il est à-peu-près nu, quelques vêtemens pour couvrir sa nudité. L'étoffe a été tellement épargnée, qu'il faut deux gilets pour en faire un passable, et ainsi du reste. Ceux qui peuvent se procurer des habits à leurs frais, ne reçoivent rien : en sorte que ce n'est pas exagérer que de dire que les deux tiers

nute la vapeur sépulchrale que ces infortunés
respirent depuis tant d'années, et qui les
suffoque quelquefois ; voyez-les se remuant
dans leurs hamacs, assaillis par des milliers
d'insectes, et cherchant en vain le sommeil
qui pourrait calmer pour un moment leurs
souffrances... Ce n'est qu'après avoir *joui*
de ce spectacle que vous pourrez concevoir
toute l'horreur de leur sort!

J'ajouterai à ce tableau, malheureusement
trop fidèle, un fait qui me regarde person-
nellement. Le jour où je fus jeté dans ce
ponton, ne sachant où poser ma tête, j'a-
chetai la place d'un prisonnier, située, non
près d'un sabord, mais au milieu de la batterie, et cette place obscure, qui ne contient
pas un espace de plus d'étendue qu'en occu-
pera un jour mon cadavre, me coûta 120 fr.
Je dois aujourd'hui à l'humanité du comman-

---

de l'habillement des prisonniers de guerre, deviennent
le bénéfice illicite des agens de ce gouvernement; quels
qu'ils soient, combien de fortunes se sont faites de
cette manière ! Voilà une des causes qui ont empêché
jusqu'à ce jour l'échange des prisonniers. Les fripons
sont si puissans dans ce pays ! Il est certain que le gouvernement anglais est le gouvernement le plus volé de
l'Europe.

dant et du chirurgien de ce bâtiment la permission de rester avec les malades, où j'ai pourtant la douleur d'entendre leurs gémissemens, et d'être témoin de leurs souffrances (1).

Mais si ce spectacle de la misère humaine, arrivée à ce dernier degré, est fait pour exciter la pitié et l'indignation d'une ame sensible, combien l'homme de bonnes mœurs n'est-il pas révolté par la dégradation de son espèce et les abominations dont vous le forcez à être témoin ! Que de souffrances vous préparez à l'être délicat et honnête que vous enfermez de cette manière ! Il vaudrait mieux l'attacher à un cadavre..... Ces abominations n'auraient pas lieu, Monsieur, s'il n'y avait pas de pontons, et si les prisonniers de guerre étaient gardés dans ce pays comme ils le sont en France. Malheur à l'adolescent, au jeune homme imberbe qui entre dans cette affreuse demeure (2) !

(1) Ces deux officiers sont du très-petit nombre d'Anglais qui ont montré quelque humanité envers les prisonniers de guerre.

(2) En France, les prisonniers de guerre sont logés dans des casernes où ils ont une chambre pour quatorze et un lit pour deux. Ils sont traités comme des

Cependant il est de mon devoir de déclarer, pour l'honneur de mon espèce et de ma nation, que les pontons renferment un grand nombre de prisonniers qui sont dignes, par leurs mœurs et leur fortitude dans l'adversité, de toute l'estime de leurs semblables. C'est ici, Monsieur, *la pierre-de-touche* de l'homme, c'est ici qu'il est vraiment éprouvé ; on peut dire que celui qui sort vertueux d'un ponton le sera toute sa vie. Au nombre de ces hommes éprouvés se trouvent presque tous les officiers repris en tentant de s'échapper. Leur constance dans l'infortune, le courage avec lequel ils endurent des privations auxquelles ils n'étaient pas accoutumés, les secours et les conseils qu'ils donnent à leurs compagnons de misère, l'exemple enfin qu'ils offrent à tous, en ont ramené plusieurs à des principes d'ordre social qu'une si longue et si cruelle captivité leur avait fait oublier.

Pour éviter toute méprise, il convient, je pense, de vous dire que c'est contre la manière horrible dont je suis détenu que je réclame, et non contre la conduite des officiers

----

soldats désarmés. Quelle différence entre ce traitement et la barbarie des Anglais envers leurs prisonniers !

de ce ponton. J'ignore ce qui se passe sur les autres bâtimens de ce dépôt; mais je dois reconnaître que les officiers *du Canada* ont montré envers moi, et les autres prisonniers confiés à leur garde, toute l'humanité compatible avec les ordres terribles qu'ils ont reçus, et dont ils gémissent en secret.

C'est sans doute pour opprimer gratuitement les prisonniers que vous avez adopté un système digne de l'inquisition de Goa; car je ne puis attribuer à une cause raisonnable la défense de laisser parvenir un papier public jusqu'à eux, et tant d'autres vexations qui les rendent les plus misérables de tous les êtres de la création (1).

_________________

(1) Leurs ennemis eussent été beaucoup moins cruels en les massacrant sur - le - champ de bataille, qu'en les soumettant à des privations insupportables. Quel crime ont-ils commis pour être traités avec tant de barbarie? Ils ne peuvent communiquer, même par lettres, avec leurs amis détenus sur les autres pontons; le monde n'existe plus pour eux. Croirait-on qu'un père (M. Maquet), venu exprès de France, sur une licence, pour voir son fils, séparé de lui depuis huit ans, ne put en obtenir la permission! Hélas! il ne put qu'apercevoir l'horrible prison qui le renfermait. L'agent du transport - office ne voulut pas permettre à M. Lambert d'habiter le même ponton que son frère, qu'il n'avait

Je finis, Monsieur, en demandant, non une faveur, quoique j'en aie fait accorder dans le temps à des prisonniers de guerre anglais, mais un acte de justice ; c'est d'être tiré des pontons et gardé dans une prison de guerre à terre, logé et traité comme mon grade l'exige. J'attends votre réponse pour la faire passer, avec copie de cette lettre, à leurs Excellences les ministres de la guerre et de la marine, à Paris (1).

Je suis, etc.

**LEBERTRE,**

Colonel, Chevalier de l'Empire.

_____________________

pas vu depuis dix ans ; il lui refusa même de l'entretenir pendant une demi-heure, et son frère fut envoyé dans une prison en Ecosse, sans qu'il pût le voir : il n'apprit même son départ que six semaines après.

(1) Les faits contenus dans cette lettre ne pouvant être contestés ni justifiés, elle est restée sans réponse, ainsi que l'auteur s'y attendait. Presque tous les officiers détenus à bord des différens pontons de Chatham, ont été transférés le 11 août 1812, sur le ponton le _Brunswick_, où ils occupent, avec leurs domestiques, la batterie dite de 36, ayant au-dessous d'eux, entassés dans le faux pont, qui n'a que quatre pieds dix pouces de hauteur, quatre cent soixante de leurs malheureux compatriotes. Ils sont soumis au même régime et à des

mesures inquisitoriales encore plus vexatoires que dans les pontons qu'ils ont quittés. Il est vrai qu'on leur a permis d'avoir à leurs frais du vin qui coûte dans le pays au moins six francs la bouteille ; mais cette prétendue faveur est illusoire, attendu qu'il n'ont pas le moyen de la payer. Ils ont demandé que cette permission fût changée en celle d'avoir de la bière forte et un peu de rum, dont la quantité serait fixée par leurs gardiens ; mais comme les moyens du plus grand nombre leur permettraient de se procurer de temps en temps ces deux articles, ils ont été impitoyablement refusés par une lettre du transport - office, du 3 septembre 1812.

—————

A peine la note ci-dessus a-t-elle été écrite, que de nouveaux malheurs sont venus accabler les officiers réunis sur le *Brunswick*. L'accord le plus parfait régnait parmi eux ; mais ils n'ont pas joui long-temps de la consolation d'être ensemble. Chacun d'eux avait épuisé le peu de moyens qu'il avait pour s'établir dans sa nouvelle prison, lorsqu'un ordre foudroyant de l'amirauté, sollicité et transmis par le transport-office, est venu les séparer de nouveau, et les rejeter pêle-mêle avec les matelots et les soldats, dans les différens pontons de ce dépôt. Le motif de ce nouvel acte de violence et d'atrocité est fondé sur une réclamation adressée par cinq officiers, au nom de leurs camarades, aux lords de l'amirauté ( en conséquence du refus de transport-office ), pour obtenir la permission d'introduire dans les pontons une quantitée modérée de bière forte et de rum Cet ordre inattendu a jeté la désolation parmi eux. Quelques-uns, poussés par le désespoir, se sont jetés à l'eau pour s'échapper ; un d'eux ( M. Le-rendu ) s'est noyé ; six ont été repris, et on n'a point de nouvelles des deux autres. Enfin , les officiers ont été arrachés du *Brunswick*, le 28 septembre , en protes-tant contre cet ordre cruel , et en appelant la ven-geance du ciel et de leur patrie sur leurs barbares ennemis.

————

# DISSERTATION

*Sur les causes des Maladies qui attaquent les prisonniers dans les pontons, et sur les soins qu'on y apporte.*

## PAR M. FONTANA,

OFFICIER DE SANTÉ DE L'ARMÉE DE PORTUGAL.

---

C'EST, étant enfermé dans ces lieux de douleur, où rien n'est oublié pour augmenter les souffrances physiques et morales des malheureuses victimes qui y sont plongées, dont on détruit graduellement, et avec connaissance de cause, la santé, pour sauver les apparences d'un assassinat manifeste ; c'est en partageant leurs affreux tourmens, que j'ai eu occasion de faire les observations qui sont le sujet de cette dissertation.

Ayant remarqué que presque toutes les ma-

ladies présentent, quoique sous des formes
différentes, le même aspect et la même in-
dication, je n'ai point douté que les mêmes
causes ne dussent les produire. C'est à leur
recherche que j'ai porté toute mon attention ;
je parlerai donc, en premier lieu, du genre
de ces maladies ; j'en indiquerai ensuite les
causes disposantes et les déterminantes.

Parmi les maladies, les unes sont externes,
les autres internes. Les premières se rédui-
sent aux ulcères asténiques dans les parties
inférieures ; les maladies internes, celles qui
sont les plus fréquentes, sont : la diatèse scor-
butique, l'anophthisie, la phthisie, les douleurs artritiques, etc.

## ARTICLE PREMIER.

### Des Maladies externes.

Parmi les causes indisposantes des maladies
externes, on doit rapporter le mouvement
si étroitement limité, lequel se borne presque
toujours à une promenade d'un ou deux pas,
ce qui, rendant la circulation des humeurs
plus lente, diminue l'énergie des vaisseaux
lymphatiques, principalement dans les parties

inférieures, et en cause l'adématie. L'humidité continuelle qui existe en ces lieux; ajoutez à cela une nourriture insuffisante et malsaine, sur-tout dans les deux jours par semaine qu'on distribue de la salaison; le manque de vêtemens dans lequel sont la plupart de ces malheureux, qui marchent à jambes nues, se trouvant exposés à toutes les violences extérieures et au contact immédiat d'une atmosphère surchargée de vapeurs aqueuses, jettent nécessairement les parties inférieures dans l'état d'adématie en détruisant l'énergie de leurs vaisseaux lymphatiques. Il suffit, dans cet état, que le moindre heurt contre un corps dur enlève l'épiderme, pour qu'un ulcère de mauvaise nature en résulte; et malheureusement, dans ces lieux, il est impossible de faire un pas sans y trouver quelques entraves. Les escaliers y sont très-étroits et d'une extrême roideur; les endroits sur lesquels on doit passer, entrecoupés sur des barres incommodes sur lesquelles il est impossible, malgré la plus grande précaution, de ne pas heurter. Ces ulcères cependant qui, dans leur principe, sont peu de chose, pourraient être facilement guéris par des soins méthodiques et un changement de

régime, si notre vie et notre santé n'étaient
pas à la merci d'hommes qui, méconnaissant
ou feignant de méconnaître les premiers principes de l'art qu'ils osent exercer, au lieu
d'être nos médecins, sont nos bourreaux ;
les ulcères, dis-je, sont traités par eux avec
de l'onguent basilicon et autres productions
du charlatanisme, étendus sur de l'étoupe
mal-propre ; un morceau de diachilum gom-
mé, ou une bande d'un demi-pied de long
mal appliquée, contient cet appareil. Ces on-
guens forment tout autour une crasse épaisse
qui empêche la transpiration d'avoir lieu,
ramollissent et détruisent le tissu cellulaire,
et, par l'irritation qu'ils produisent, appel-
lent les humeurs, qui y affluent en grande
quantité. De là des ulcères sordides dont la
superficie présente l'aspect de chairs baveu-
ses, noirâtres, laisse écouler un pus icho-
reux, si, par la force du tempérament dans
un homme qui n'est pas encore tout-à-fait
épuisé, et par quelques soins particuliers,
l'ulcère vient à se déterger, et avancer à la
cicatrice, au lieu d'en protéger les bords, de
les soutenir avec des bandelettes légèrement
enduites de cérat pour éviter le déchirement
à chaque pansement, et par-là aider la na-

ture dans son ouvrage. J'ai vu le chirurgien
du ponton *le Fyen*, modèle de l'ignorance
des médecins de nos pontons, cautériser les
bords, qui, par cette méthode, devenus cal-
leux, mettaient un obstacle insurmontable
à la guérison. L'odématie, comme je l'ai déjà
dit, était un des symptômes qui les accom-
pagne toujours. Je n'ai jamais vu qu'on cher-
chât à la combattre, soit par l'application
de quelques compresses imbibées de liqueurs
spiritueuses, soit par des remèdes qui ten-
dissent à relever les forces vitales presque
éteintes dans la plupart de ces sujets, soit
enfin par l'application méthodique d'un ban-
dage compressif si essentiellement recom-
mandé par un auteur anglais (Bell), qui, en
s'opposant à la descente et à la stagnation
des humeurs, soutiendrait l'énergie des vaisseaux lymphatiques, et tendrait à remettre
ces parties dans leur état primitif.

## ARTICLE II.

### *De la Diatèse scorbutique.*

Cette maladie, dont j'ai vu ici les ravages
s'étendre jusqu'aux os du cap du palais, et les
détruire entièrement, commence toujours par

des ulcérations aux gencives et des tuméfac-
tions dans les jambes, accompagnées de taches noirâtres. Il est inutile d'en décrire mi-
nutieusement les causes, les principales étant
si évidentes, telles que l'air impur que l'on respire dès l'instant que l'on descend et que l'on
est hermétiquement fermé de 12 à 16 heures,
selon la saison, jusqu'à quatre cent cinquante
personnes seulement dans les lieux destinés
à recevoir les prisonniers à bord d'un bâtiment de 74, espaces qui suffisent à peine
pour contenir ce nombre d'hommes en les
entassant les uns sur les autres; les salaisons
de mauvaise qualité, telles que les harengs
blancs, qui souvent tombent en pourriture,
le défaut de légumes frais, dont on goute à
peine deux mois de l'année; enfin la priva-
tion totale de toute boisson spiritueuse, ou
autre tendant à relever les forces vitales, qui
s'éteignent journellement. Il semble que la
méthode curative à suivre soit facile d'après
ces indications : faire respirer un air pur,
corriger la mauvaise qualité du sang qui tend
à la dissolution, par un régime végétal et
nutritif, soutenir les forces par des corrobo-
rans, voilà ce qu'il faudrait faire, et ce qu'on
fait est précisément le contraire ; les malades

sont transportés dans un coin de la batterie, qui prend le nom d'hôpital, où le régime ne varie aucunement, et où la saignée est employée à la place des fortifians. Si un léger mouvement fébrile se rencontre, s'il y a des taches noirâtres avec tuméfaction dans quelque partie, les cataplasmes faits avec de la mie de pain y sont appliqués. Tel est le traitement que j'ai vu employer à bord du *Fyen;* et si, comme il est inévitable, la partie tombe gangrénée, ou que l'homme soit prêt à succomber, alors on l'envoie au ponton-hôpital pour y recevoir des soins majeurs; là, quelquefois refusé, sous prétexte qu'il n'est point assez malade, il est renvoyé dans la prison commune, où il est arrivé qu'un homme y est mort le lendemain, victime de l'inhumanité d'un médecin arrogant, de ce médecin qui ménage si peu les affections de l'ame, qu'il dit un jour à un malade en mauvais français : *Vous mourra*, et écrivit sur son étiquette ces mots : *Mort inévitable.* Je ne sais s'il agit ainsi par ignorance ou par scélératesse; car ses traitemens, sur-tout dans les maladies qui attaquent les poumons, sont, comme je le prouverai ci-après, de vrais assassinats que l'ignorance commet ou que le crime fait commettre. Je serais cependant plus porté à croire ce dernier fait, car ce système est trop général dans les prisons, et je ne saurais comprendre comment on aurait pu trouver un si grand nombre d'ignorans si conformes dans leur manière d'assassiner les malheureux qui sont confiés à leurs soins (1).

ARTICLE III.

*Des maladies qui attaquent la poitrine.*

De toutes les maladies, celles qui exercent leurs ravages parmi les prisonniers avec le plus de cruauté et avec le moins d'exception, sont, sans contredit, les maladies qui attaquent les organes de la respiration ; il est rare de trouver un ancien prisonnier qui n'en soit plus ou moins affecté, et c'est à celles-ci à qui on apporte les soins les plus meurtriers : tout contribue à nous disposer à ce genre de maladie, et tout tend à le déterminer ; mettez, parmi les premières causes, les pas-

---

(1) L'amour de la vérité exige qu'on fasse une exception en faveur du chirurgien du ponton *le Canada*, et d'un ou deux autres qui ont traité leurs malades avec humanité.

sions de l'ame les plus véhémentes, telles que l'effroi que cause la vue de ces prisons horribles, le chagrin que donnent les privations les plus multipliées que nous éprouvons, les humiliations, les vexations qui nous sont faites par des êtres barbares destinés à notre garde, gens la plupart sans honneur, sans sentimens, sans éducation ( car un honnête homme ne pourrait se résoudre à faire leur métier ); enfin le désespoir produit par l'aspect d'une captivité indéterminée, la nourriture insuffisante, sur-tout pour des gens accoutumés à bien vivre, les dimensions resserrées principalement dans la hauteur des faux ponts, qui obligent les prisonniers de la taille la plus médiocre à rester assis, ou à marcher continuellement courbés, l'air impur qu'on respire, sur-tout dans les longues nuits de l'hiver, où, renfermés pendant seize heures dans nos cachots, sans que l'air puisse entrer d'aucun côté, ce qui fait tomber à tous momens des hommes en faiblesse, faute d'oxigène; et enfin les miasmes délétères qui s'exhalent des terres voisines à la marée descendante, toutes ces causes affaiblissent tellement nos organes, et principalement ceux de la respiration, que le moindre changement dans la manière de vivre, le moindre exercice violent, un coup d'air, auxquels on est exposé, sur-tout en se levant dans la nuit pour aller satisfaire à des besoins, suffisent pour y apporter une altération, laquelle se manifeste presque toujours sous les apparences d'une maladie inflammatoire, et alors elle est accompagnée des symptômes suivans : douleur à la partie latérale de la poitrine, fièvre légère qui est en raison de nos forces, respiration difficile, quelquefois une douleur sourde, prostration de forces, respiration grave, sueurs nocturnes, fièvre lente, rougeur aux joues, et crachats purulens, souvent entremêlés de sang.

Examinons maintenant quel est le traitement des médecins anglais : il est bon d'observer que presqu'aucun de ceux qui ont été attaqués de ces maladies, et traités par eux, n'en sont guéris. Dans les premiers cas, on fait d'abondantes saignées répétées plusieurs fois, et continuées jusqu'à défaillance ; on pose de larges vésicatoires sur la douleur : aucune diète n'est observée ; le malade continue à recevoir une livre et demie de pain noir, et une demi-livre de mauvais bœuf, le tout laissé à sa disposition, et seulement quelquefois on accorde une mixture diaphorétique et la tisanne d'orge. Qu'en résulte-t-il? qu'il est bientôt réduit à une extrême faiblesse, de laquelle on n'a aucune ressource pour le relever, et comme les accidens apparens ont semblé cesser, on le rejette dans son cachot, cause du désordre de sa santé; aucun régime n'est prescrit, aucune espèce de remèdes confortans n'est employé, de manière qu'en admettant même que l'inflammation ait été *sthénique* dès le commencement, ce qui n'est pas supposable d'après les causes affaiblissantes qui l'ont produite, au lieu de rétablir l'équilibre par leurs procédés, ils font tomber eux-mêmes la partie dans un état asthénique, et loin d'en résoudre l'engorgement, ils en procurent la suppuration, mauvaise terminaison pour une partie parenchymateuse, laquelle suppuration, accompagnée de la fièvre seule, termine bientôt les jours du malade. Dans ce dernier cas, qui est ordinairement la suite du traitement d'une péripneumonie, ou l'épuisement total des forces vitales, lequel n'offre même plus de ressource que celle de prolonger et adoucir les jours du malheureux qui en est attaqué, rien n'est employé pour atteindre ce but. Ordinairement le malade. parvenu à ce période, est envoyé au ponton grand hôpital, où on commence, comme au petit hôpital de son ponton, la saignée ou le vésicatoire, remèdes très-propres à accélérer sa fin ; et ce qu'il y a de plus terrible, c'est que ce sont des chirurgiens français qui, placés en sous ordre, exécutent les ordonnances, et se rendent par-là complices des meurtriers de leurs compatriotes. Je pourrais encore rapporter ici bien des traitemens irréguliers, tels que l'emploi du mercure, qu'ils administrent sans aucune méthode dans les maladies vénériennes, et dans toute espèce de douleurs artiliques, l'abus des émétiques, etc. ; mais comme je ne prétends point faire ici un traité instructif, et que mon seul but est de décéler aux yeux de tout le monde les forfaits qui se commettent sous le voile de la médecine, je conclurai cette dissertation en disant : Qu'il faut que les chirurgiens employés dans les pontons soient des hommes de la plus crasse ignorance, ou bien des gens qui méprisent toutes sortes de sentimens, soudoyés par nos plus mortels ennemis, pour détruire nos tempéramens et nos vies, en conservant les dehors de gens humains, afin d'éviter les reproches de toutes les nations civilisées.

A bord du ponton *le Brunswick*, à Chatham, le 6 septembre 1812.

# NOTES.

(a) **A**u mois d'avril 1810 , les officiers français du cautionnement d'Alresford ( Hampshire ), résolurent, au nombre de quatre-vingt , de célébrer, par un diner et une fête entre eux, le mariage de S. M. l'Empereur Napoléon avec l'auguste Marie-Louise , et afin de ne laisser à leurs ennemis aucun prétexte de les calomnier et de les tourmenter, ils eurent soin d'inviter le magistrat du lieu , l'agent et le chirurgien du transport-office. Par une de ces attentions délicates , si familières aux Français, ils avaient fait mettre sur le couvert de chacun des trois invités , le pavillon de leur nation. La fête devait être présidée par un magistrat respectable , M. Bertolio, ex-commissaire de justice de la Guadeloupe ; mais cette réunion déplut à un nommé Lawth , ministre d'une paroisse voisine, et fils de l'évêque de Londres. Cet homme la dénonça à son gouvernement. comme étant extrêmement désagréable aux *gentlemen* des environs. La salle était décorée avec ce goût qui distingue les Français, et ornée du portrait de l'Empereur et du chiffre de Marie-Louise. Le diner était préparé et les convives commençaient à s'assembler, lorsqu'un ordre du transport-office arriva, par lequel il était défendu, avec des menaces en cas de non soumission , de se réunir pour l'objet en question. Les officiers eurent beau représenter que les prisonniers anglais en France ont pleine liberté de célébrer la fête de leur roi et de leur reine, et même de s'assembler toutes les fois que cela leur convient ; ils ne furent pas écoutés, et il fallut se séparer. Ils firent distribuer le dîner aux pauvres du pays, qui n'en furent pas plus reconnaissans , et ne les en insultèrent pas moins dans la suite. Cette vexation a été plus vivement sentie par eux que toutes les autres , et c'est de ce moment qu'ils ont commencé à s'échapper.

(*b*) Vers la fin de 1811 , ou au commencement de 1812 , le transport-office donna des ordres à ses agens dans tous les cautionnemens pour la suppression des spectacles que les officiers français y avaient établis pour leur amusement , et pour celle de leurs concerts et de leurs réunions maçonniques , sous le prétexte outrageant que des habitans désirant s'y réunir, ce mélange pourrait corrompre leurs mœurs ; ce même transport-office a fait insérer dans tous les papiers publics , et même écrit à des ministres du culte , que le mariage entre un prisonnier français et une anglaise n'est pas reconnu en France , et qu'il faut , par tous les moyens possibles , empêcher de semblables unions. Les mensonges et les calomnies sont des moyens que ce gouvernement est sûr d'employer avec succès auprès d'un peuple aussi crédule que méchant.

Corrompre les mœurs anglaises !... Lecteur, voulez-vous un échantillon de ces mœurs ? Interrogez les officiers français qui ont eu le malheur d'être prisonniers de guerre dans ce pays : tous vous diront que l'asile des morts , respecté par-tout ailleurs , est ici une espèce de parc où des bestiaux , et même des animaux immondes , se tiennent pendant le jour, et un lieu souvent consacré à la prostitution pendant la nuit.

Corrompre les mœurs anglaises !... La France et l'Europe ont été long-temps abusées sur le compte de cette nation , par des écrivains aveugles ou de mauvaise foi qui l'ont tant vantée. Les prisonniers français savent à quoi s'en tenir sur sa prétendue philanthropie , et ceux d'entre eux qui survivront à leur captivité , porteront un jour dans leur patrie des preuves irrécusables d'une barbarie sauvage et de cruautés inouies dont ils ont été si long-temps les victimes. Il serait à désirer que ceux de leurs concitoyens qui affectent encore *l'anglomanie,* fussent prisonniers de guerre seulement pendant un mois dans ce pays ; ce remède serait infaillible , et leur guérison radicale ; ils s'apercevraient bientôt qu'un Français, malgré tous les défauts qu'on lui reproche , aurait trop à perdre pour ressembler à de tels modèles. N'oublions pas de noter ici qu'il se commet, en six mois, plus de crimes en Angleterre d'une nature atroce , tels qu'incendies, empoisonnemens, meurtres, même entre parens et avec des circonstances effroyables, que dans le reste de l'Europe en un an.

( c ) Dans le courant du mois de janvier 1812 , MM. Vaxoncourt, Pasquier, Cormier et Lampo , officiers français sur parole à Alresford , furent enlevés dans leurs logemens et conduits sur-le-champ au château de Porchester ; leurs papiers furent saisis sans formalités ni inventaire, par un nommé Whitear, commis banquier, qui s'était érigé en sous-agent du transport-office , dont il est permis de croire que les membres ou leurs subalternes s'étaient réservé par une mesure aussi étrange , le moyen de faire glisser, si cela eût convenu à leurs vues , de faux écrits , des correspondances supposées ( on sait qu'il existe à Londres une fabrique de faux écrits de tous les genres ) dans les papiers de ces officiers , et de les accuser ensuite d'en être les auteurs. Le transport-office prétendait qu'ils étaient complices du général Simon , qu'il accusait si hautement et si faussement d'avoir formé le projet d'armer tous les prisonniers de guerre dans ce pays , et d'opérer un soulèvement parmi eux. Le transport-office savait bien qu'une pareille conspiration ne pouvait exister ; mais il fallait faire croire à *John Bull* qu'elle était possible, et une trentaine de victimes sacrifiées dans cette affaire ne sont rien pour des hommes qui en ont fait périr tant de milliers.

Le fait réel est que le général Simon avait informé le gouvernement français ( et certes, malgré tout ce qu'on peut dire , il en avait le droit, et n'a fait que son devoir ) qu'un nommé D*** , prisonnier sur parole à Odiham, avait obtenu son renvoi en France comme espion du gouvernement anglais, et pour avoir trahi quelques-uns de ses compagnons d'infortune qui avaient le projet de s'échapper. Ce D*** fut arrêté à son arrivée à Morlaix. Le transport-office , voulant se venger du général Simon , fit enlever ses papiers et le fit garder à vue par des agens de police. Le général s'échappa et fut repris ; il gémit aujourd'hui dans un château-fort en Ecosse, où il est, dit-on, au secret et réduit à la compagnie d'un seul domestique.

On trouva dans ses papiers quelques lettres maçonniques écrites par les officiers ci-dessus. Les maçons savent, et le transport-office ne doit pas ignorer qu'on emploie dans cette sorte de correspondance les lettres initiales de certains mots qu'on n'écrit pas en entier; c'est sur ces lettres initiales dont la signification est bien connue, que le transport-office ou ses commis, à la merci desquels les prisonniers français sont souvent livrés, ont eu la mauvaise foi de fonder leurs inculpations contre le général Simon et ses prétendus complices. Ils ont renoncé depuis à une idée aussi absurde, et il n'est plus question de cette ridicule conspiration, qui a servi de prétexte pour vexer horriblement tous les prisonniers français; mais ils n'ont pas fait relâcher leurs victimes.

Il a été dit plus haut que les prisonniers de guerre sont à la merci des subalternes; des milliers de faits pourraient le démontrer; contentons-nous d'en citer deux ou trois.

M. Garrigue s'étant échappé des prisons de Plymouth, fut repris à Londres par les soins du sieur Adam, commis du transport-office, qu'il poussa assez rudement pour tâcher de se dégager de ses mains; étant arrêté une seconde fois, il fut envoyé à la prison de Norman-Cross, où il resta deux ans sans recevoir ni lettres ni secours de France. Il fut échangé dans cet intervalle, mais le sieur Adam renvoya un autre prisonnier à sa place; enfin, il lui fit savoir, en lui envoyant les lettres et l'argent qu'il avait gardés si long-temps, que sa vengeance était satisfaite, qu'il l'avait empêché de partir jusqu'alors; mais que s'il était

échangé une seconde fois , il serait renvoyé. En effet ,
ayant été échangé à la mer, il reçut son passe-port.

Il faudrait passer les bornes d'une note pour relater
toutes les indignités que les prisonniers français ont
eu à souffrir d'un sous-commis du transport-office,
nommé Sugden , agent de police qui , par le mal qu'il
leur fait , veut se donner de l'importance auprès de
ses maîtres , et tâcher de supplanter le sieur Adam.
La prétendue conspiration du général Simon est de
son invention. Il eut une fois l'impudence de dire à
des officiers arrêtés dans leur fuite , en les faisant
dépouiller de leur argent et autres effets par ses récors,
qui leur présentaient le pistolet, qu'il saurait bien les
forcer à lui obéir ; et sur la représentation qu'ils lui
firent , que sans argent ils ne pourraient vivre sur les
pontons où il les envoyait, il leur répondit : « Je vous
rends vos montres, vous pourrez les vendre. »

Par une cruauté raffinée, le transport-office a décidé
qu'un prisonnier de guerre qui aurait tenté de s'échapper des pontons et autres prisons, ne serait point renvoyé , quoiqu'il eût été échangé. Cependant, il fit ex-
pédier en 1809, le passe-port de M. Joly, détenu sur un
ponton à Chatham , et échangé à la mer; mais le passe-port fut renvoyé par l'agent de ce dépôt, qui se
vengea de cette manière de quelques propos que
M. Joly avait tenus contre lui et sa nation. Cet infortuné languit encore dans un ponton. Les échanges
à la mer sont une mine d'or exploitée par les commis ,
qui substituent le nom des prisonniers qui paient , à
celui des échangés qui n'ont rien à donner ou qui
leur déplaisent , et même à celui des maladies déclarées

incurables. Plusieurs prisonniers ont été échangés jusqu'à trois fois, et sont encore dans les prisons, par l'effet du ressentiment et de l'avidité de quelque subalterne.

Les secours envoyés aux prisonniers sont à la disposition des commis, qui ne les leur remettent que par petites portions et long-temps après les avoir reçus. Ils dénaturent ces fonds, les agiotent à leur gré, ou les placent à la banque pour leur propre compte, et en reçoivent l'intérêt.

(*d*) On entasse dans un vieux vaisseau de guerre destiné à servir de ponton, douze à treize cents prisonniers si le vaisseau est à trois ponts, et sept à huit cents s'il est à deux ponts. Sur le dernier, les huit cents prisonniers sont enfermés, savoir : quatre cents dans la seconde batterie dite de 36, où on a réservé pour l'hôpital une place contenant les trois sabords de l'avant de chaque côté, et quatre cents dans le faux pont situé au-dessous. La première batterie, dite de 18, est occupée par les Anglais, les cuisines, etc. On y a réservé dans le centre un emplacement de quatre sabords, qu'on nomme *le Parc*. Tous les sabords ont des grilles de fer de plus de deux pouces en carré. Pendant le jour les prisonniers peuvent se tenir dans le parc et même sur le gaillard d'avant, mais une ou deux heures avant la nuit, suivant le caprice du commandant, tous sont forcés de sortir de leurs cachots ( et les plus lents reçoivent souvent des coups de baïonnettes ), pour être comptés comme un vil troupeau, puis ils sont jetés et renfermés de nouveau dans leurs cachots, pour y rester jusqu'au lendemain. Dans cet état d'encombrement ils peuvent à peine se remuer ; ils tendent leurs hamacs sur deux rangs , l'un au-dessus de l'autre , et celui à qui il ne reste pas de place pour tendre le sien, est obligé de se coucher sur le plancher. On conçoit que les malheureux prisonniers étant serrés de cette manière, ont bientôt épuisé le peu d'air vital contenu dans un aussi petit espace ; en sorte que cet air, après avoir été aspiré et rendu tant de fois, après avoir passé dans des poulmons ulcérés et des poitrines malsaines, devient de plus en plus malfaisant , et bientôt infect ; souvent les chandelles ne peuvent rester allumées et s'éteignent d'elles-mêmes. On respire d'abord avec difficulté , mais vers le matin chacun est presque suffoqué. Les soldats qui viennent ouvrir le panneau , ont soin de se retirer avec précipitation , pour ne pas être suffoqués eux-mêmes par la vapeur blanchâtre et épaisse qui en sort. Aussi les maladies de poitrine sont-elles très-communes , et il existe très-peu de prisonniers qui n'en soient plus ou moins affectés. Ceux qui ont passé quelque temps dans ces horribles demeures , ne recouvrent jamais leur première santé ; ils portent avec eux le germe d'une maladie qui doit infailliblement les conduire au tombeau vingt ou trente ans avant le terme que la nature avait fixé. Il est un fait certain et qui mérite les plus sérieuses réflexions , c'est que , par l'effet du système si opposé des deux nations dans le traitement de leurs prisonniers de guerre, la France , sur quinze à vingt mille Anglais qui sont en son pouvoir, rendra réellement par un échange plus d'hommes en état de servir, qu'elle n'en recevra sur les cinquante mille Français qui sont au pouvoir de l'Angleterre. En examinant les prisonniers détenus dans les pontons et les prisons de terre , il est aisé de se persuader que les trois quarts sont pour jamais hors d'état de servir leur pays. Ainsi l'objet du gouvernement anglais étant rempli , on ne peut qu'être surpris de l'obstacle qu'il a mis à l'échange des prisonniers de guerre.

Il faut ajouter à ce triste tableau l'horrible souffrance qu'éprouvent les infortunés renfermés dans les pontons , de ne pouvoir se tenir debout dans leurs cachots. Ceux, sur-tout, qui sont jetés dans le faux pont, lequel, dans plusieurs vaisseaux, n'a que quatre pieds dix pouces de hauteur, sont condamnés au supplice d'y être toujours courbés , et cette gêne devient insupportable , lorsque le mauvais temps qui dans ce pays dure au moins huit mois sur douze, les oblige à s'y tenir pendant toute la journée. Qu'on juge par ce seul fait des maux qu'ont enduré ceux qui, enfermés de cette manière depuis plus de neuf ans, ont pu résister à un traitement aussi inhumain.

Les prisonniers français sur les pontons de Chatham respirent un air infect et malfaisant, au milieu de vases que découvre chaque marée , et dont les vapeurs répandent autour d'eux la maladie et la mort ; là de braves guerriers sont réduits à envier depuis dix années , à la honte du crime près, le sort de nos forçats ; là, plus d'une fois des officiers accoutumés à commander l'estime et le respect, ont vu afficher par leurs ennemis, des placards pour exciter leurs compagnons de misère à les insulter ; là ils ont vu tomber, percé de plusieurs balles , l'un d'eux, l'infortuné de Beausset, officier du 5ᵉ régiment d'infanterie légère, victime désignée d'avance dans l'assassinat impuni et à jamais exécrable des prisonniers français du ponton de Samson, le 31 mai 1811.

Les Anglais n'ont pas manqué, après ce massacre, où six Français furent tués et six grièvement blessés, de calomnier leurs victimes, suivant leur habitude; mais ces calomnies seront un jour réfutées et les faits connus; il sera démontré qu'ils ont fusillé dans leur parc, de malheureux affamés, privés de toute nourriture depuis vingt-quatre heures, et qui demandaient leur ration, en offrant de payer sur-le-champ les dommages qu'on les accusait d'avoir faits, ét suivant le prix exhorbitant de l'estimation fixée par les Anglais.

Voilà des faits, des faits certains. L'écrit d'où ils sont extraits est signé par plus de cent officiers. C'est d'après cela qu'il faut juger les Anglais, et non d'après le grand étalage de bienfaisance, d'humanité et de toutes les vertus d'apparat qu'offrent leurs écrits et surtout leurs romans. Le lecteur jugera s'il est permis d'être dupe plus long-temps des jongleries philantrhopiques de cette nation froidement atroce, et il reconnaîtra les bourreaux des Indiens dans ées assassins de Français désarmés et renfermés dans le parc d'un ponton.

(e) La note suivante est extraite d'un mémoire adressé le 27 juillet 1812, par l'adjudant-commandant Pillet, à un membre du parlement, pour être remis à l'amirauté.

« Le système d'assassinat et de cruauté a été suivi « dans la précédente guerre et dans celle-ci, par le « transport-office, qui a à sa tête les mêmes hommes,

« avec un acharnement et une méthode qu'il serait im-
« possible de croire. Dans la précédente guerre, vingt-
« cinq mille hommes sont morts en sept mois , d'ina-
« nition. J'ai vu à Norman-Cross , un coin de terre où
« près de quatre mille hommes sur dix , ont été enfouis
« dans cet espace de temps. Je le reprochais un jour au
« capitaine Pressland , agent , qui me répondit froide-
« ment : Les vivres étaient chers alors , et votre gouver-
« vernement refusa de nourrir les prisonniers de sa
« nation.

« Au défaut de vivres ( les prisonniers étaient réduits
« à demi-ration ), se joignait , pour aggraver le mal ,
« leur qualité détériorée et malfaisante. On ne donnait
« que du biscuit mangé de vers , du poisson , des
« viandes salées infectes, quelquefois un pain noir et
« mal cuit : pour légumes , des haricots qui ne cuisaient
« pas du tout. Chaque jour des centaines d'hommes
« tombaient morts de faim , ou empoisonnés par les
« vivres ; la plupart étaient devenus si faibles , qu'ils
« ne digéraient plus, et , ce qui est horrible à redire ,
« et pourtant de la plus exacte vérité , c'est que de
« malheureux affamés allaient rechercher dans les ex-
« crémens de leurs compagnons de souffrance , des
« haricots non digérés , et les mangeaient après les
« avoir soumis à un léger layage ; d'autres attendaient
« l'instant où , immédiatement après avoir mangé , les
« estomacs affaiblis qui ne pouvaient plus supporter
« aucune nourriture, les rendissent, pour s'en nourrir
« à leur tour ; la faim ne connaissait plus rien. Lord
« Cordower, colonel du régiment de milice de Car-
« marten , de garde à la prison de Porchester, étant

« entré un jour dans l'intérieur avec son cheval, qu'il
« attacha à une des barrières , en dix minutes le cheval
« fut tué , dépecé et mangé. Lorsque mylord revint
« pour le prendre , il ne trouva plus à la place que la
« selle et la bride. Après quelques recherches , on l'in-
« forma du fait ; il refusa de le croire , et dit qu'il n'y
« ajouterait foi que quand on lui ferait voir les débris
« de son cheval ; il fut aisé de le satisfaire. On le con-
« duisit où étaient la peau et les entrailles , et un misé-
« rable affamé acheva de dévorer en sa présence la der-
« nière pièce de viande crue qui restait de son cheval.
« Un énorme chien de boucher avait eu quelques
« jours auparavant le même sort. Une foule de témoins
« existent dans les prisons d'Angleterre , qui peuvent
« attester la vérité de ces faits. Je me les suis fait ré-
« péter moi-même mille et mille fois , pour me former
« à l'habitude de les entendre , et à la possibilité de les
« croire. »

*Noms des membres du transport-office.*

Sir Ruper George , *président ;*
Ambroise Serle ;
James Bowen ;
Hon. John Douglas ;
John Harness , *docteur en médecine ;*
Hon. Courtney Boyle ;
Alexander Macleay ;

*Commis.*

Adam ; Sugden.

FIN.

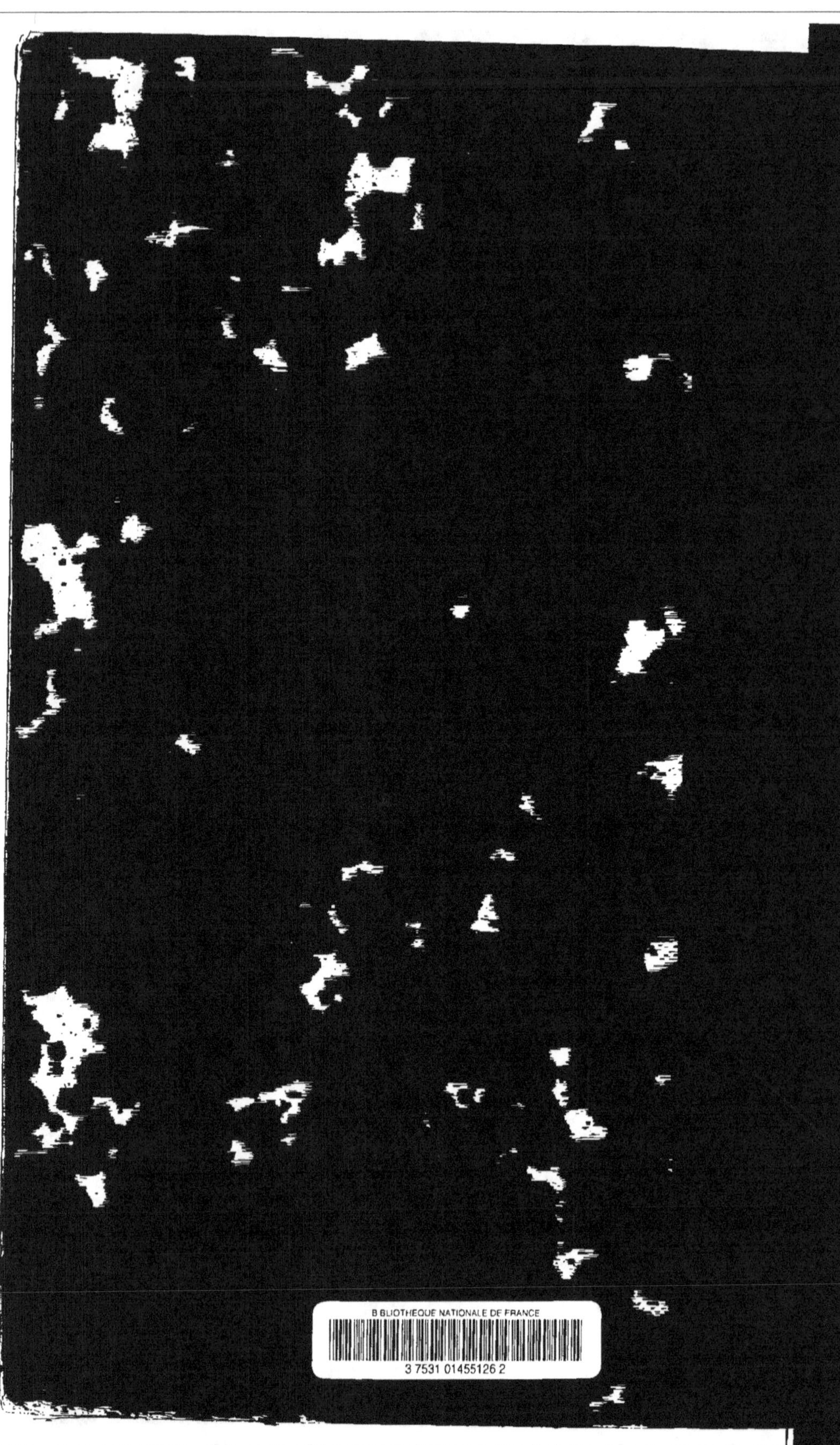
B BLIOTHEQUE NATIONALE DE FRANCE
3 7531 01455126 2